FRANK GREUBEL

# DENNOCH

FRANK GREUBEL

# dennoch

*brauchbare*
texte und gebete
für heute

echter

Der Umwelt zuliebe verzichten wir bei diesem Buch auf Folienverpackung.

Bibliografische Information der Deutschen Nationalbibliothek

Die Deutsche Nationalbibliothek verzeichnet diese Publikation in der Deutschen Nationalbibliografie; detaillierte bibliografische Daten sind im Internet über http://dnb.d-nb.de abrufbar.

2. Auflage 2024

info@echter.de / www.echter.de

Umschlag: Vogelsang Design, Jens Vogelsang, Aachen
Umschlagbild: stock.adobe.com, © marylia17
Innengestaltung: Crossmediabureau
Druck und Bindung: Rudolph Druck GmbH & Co. KG, Schweinfurt

ISBN 978-3-429-05954-5

# Inhalt

auf und ab
dennoch
*lebendig*

## L'chaim

Auf das Leben
Und nicht
Auf Teufel komm raus
Auf gut Glück
Und nicht
Auf Biegen und Brechen
Auf den Moment
Und nicht
Auf immer und ewig
Auf dich
Und nicht
Auf alle anderen
Auf das Leben
Kommt es an
Auf das Leben

L'chaim

## Nenn' es Leben

Nenn' es Leben
Den alltäglichen Trott
Das Aufstehen und Legen
Das Nehmen und Geben
Das Hin und das Her
Das Still-sein und Reden
Und Hören

Nenn' es Leben
Das Immer-wieder
Das Hoch und das Nieder
Das Auf und das Ab
Das Leben und Liegen
Sich aneinander schmiegen
Das Zu-viel
Das Zu-knapp

Nenn' es Leben
Den alltäglichen Alltag
Und die Nächte dazwischen
Das Hell und das Dunkel
Wahrheit – Gemunkel
Anfang und Ende
Und das Nichts-tun-müssen
Und Küssen

## Heimat

Was hält dich auf
Wer gibt dir Halt
Wovon träumst du
Wie räumst du
Deine Seele auf

Wer verleiht
Eben dieser Flügel
Wo ist dein Landeplatz
Im Leben
Was willst du
Und was kannst du
Geben

Wen liebst du
Wie nah ist dir
Der Himmel
Und zurück
Was fehlt dir
Heute noch
Zum Glück

## Ins Weite führen

Wenn ich am Ende bin
Mit meinem Latein
Wenn ich
Wie so oft
Das letzte Wort haben musste
Wenn sich die Sackgasse
Tatsächlich als Sackgasse erweist
(Wer hätte das gedacht)
Wenn der gut gemeinte Ratschlag
Eher als Faustschlag empfunden wird
Wenn zu Risiken und Nebenwirkungen
(Des Lebens)
Still die Packungsbeilage schweigt
Und wenn die Windungen des Fragezeichens
Partout nicht zur Geraden werden
Dann hoffentlich
Dann führst du
Führst du mich
Hinaus ins
Weite

## Vorläufig

Ich glaube
Dass dieses Leben
Ein vorläufiges ist
Eingebettet zwischen Geburt und Tod
Zwischen Angst und Freude
Und Trauer und Glück
Zwischen Hoffnung und Klage
Und Liebe und Leid
Zwischen Nicht-mehr und Noch-nicht

Ich glaube
Hier muss gelebt werden
Heute und Jetzt
Auch wenn dieses Leben
Nur ein vorläufiges ist
Denn versprochen
Ist uns das
Ewige

## Dass sich

Dass sich
Der Alltagskaugummi verwandelt
In einen überströmenden Brunnen
Dass sich
Unter der Vergangenheitsasche
Die Glut der Zukunft verberge
Dass sich
Mein Entweder-oder
Verwandle in ein Als-auch
Dass meine
Grundlosen Sorgen unbegründet
Und meine Hoffnung erreichbar seien
Dass ich
Weiterhin Liebe schenken
Leben teilen
Und Glauben wachsen lassen kann
Dass ich
Also mehr
Danken darf
Als erflehen muss
Das erbitte
Das ersehne
Das erhoffe ich
Gott

## Runde Sache

Manchmal fehlen mir
Bei runden Sachen
Die Ecken und Kanten
An denen ich mich stoßen
Abarbeiten kann

Ich brauche die nicht immer
Nicht unbedingt
Aber manchmal
Wären Ecken und Kanten
Eine runde Sache

## Das Leben ist schön

Zu schön
Um wahr zu sein
Sagt man doch manchmal
Und manchmal ist es
Auch andersherum
Zu wahr
Um schön zu sein

Und dennoch
Was für ein Zufall
Dass gerade ich
Ausgerechnet ich
Geboren bin

Das hätte auch
Ganz anders
Ausgehen können

## Intensivstation

Vor kurzem wurde sie eingewiesen
Stationär aufgenommen
Intensiv betreut
Man sorgt sich
Wohin die Reise geht
Sie liegt noch nicht palliativ
Der Silberstreif am Horizont
Steht dennoch aus
Aber sie stirbt zuletzt
Die Hoffnung

## Du Mensch

Du Mensch
Du Mann und Frau
Einzigartig
Wie dein Fingerabdruck
Einmalig
Ohne Wenn und Aber
Kopie unmöglich
Nachahmung
Nicht empfohlen
Bist du
Wie du bist
Unverwechselbar
Ein Unikat
Mit Anfang
Und Ende
Ohnegleichen
Wertvoll
Und heilig
Über alle Maßen
Heilig

## Weniger Litanei

Weniger fordern
Weniger mosern
Weniger lügen
Weniger hassen
Weniger berechnen
Weniger zweifeln
Weniger fluchen
Weniger vergleichen
Weniger behaupten
Weniger misstrauen
Weniger auf die eigene Schulter klopfen
Weniger die Schuld auf andere schieben
Weniger auf sein Recht beharren
Weniger seine Meinung durchsetzen
Weniger Gruben graben
Weniger Zeit rauben
Weniger hetzen
Weniger schwätzen
Weniger Mehr

Mehr Weniger

## Kommt doch

Kommt doch zu mir
Die ihr beladen seid
Mit den Gewichten des Alltags
Die ihr euch abmüht
Mit den Zementsäcken der Regelungswut
Die ihr euch plagt
Den Erwartungen zu entsprechen

Kommt doch zu mir
Wenn die anderen sagen
Ihr gehört nicht dazu – ihr seid so anders
Wenn die Besserwisser
Euch ihre Moral um die Ohren hauen
Wenn die Nörgler
An sich nichts und an euch alles
Auszusetzen haben

Kommt doch zu mir
Wenn es euch schwer fällt
Für euer Leben gerade zu stehen
Wenn ihr euch krumm machen müsst
Damit andere gut da stehen
Und wenn euch die Decke
Auf den Kopf fällt

Kommt doch zu mir
Ich will euch den Himmel
Öffnen

## Bleibe-Litanei

Ich bleibe
Auch wenn es manchmal
Zum Davonlaufen ist
Ich bleibe
Auch wenn ich mich manchmal frage
Warum
Ich bleibe
Selbst wenn ich
Aus der Haut fahren möchte
Ich bleibe
Auch wenn alles gerade
Dagegen spricht
Ich bleibe
Vielleicht auch deswegen
Weil mir nichts besseres einfällt
(Und das im wahrsten Sinne des Wortes)
Ich bleibe
Ja – gerade weil du willst
Dass ich bleibe
Ich bleibe
Weil ich Frucht bringen möchte
Immer noch mehr

Ich bleibe
Weil du bleibst
In mir

Ich bleibe
Ja – ich bleibe
In dir

## Dass ich – trotz

Dass ich
Trotz aller Höhepunkte des Lebens
Den Abstieg in die Niederungen
Des Alltags nicht vergesse
Dass ich
Trotz des täglichen Trotts
Mich am Leben erfreue
Obwohl jedem Aufstieg
Auch ein Abstieg folgt
Dass ich mich
Nicht unterkriegen lasse
Vom Hin und Her des Lebens
Und dass ich mutig vorwärts
Und nie rückwärts
Versuche zu leben
Dass ich dich
Meinen Gott
In Ehren halte
Und dabei niemals vergesse
Dass du mir
In jedem Gegenüber
In die Augen schaust

## Heute nicht im Sonderangebot

Den Himmel
Gibt's nicht
Im Sonderangebot
Das Leben nicht
Im Schlussverkauf
Statt zahle zwei
Nimm drei
Gibt es nur
Eins

Doch Jesus
Hat uns
Zugesagt

Den Himmel
Gibt's zum
Nulltarif
Die Auferstehung
Noch dazu
Geschenkt
Und Leben
Gibt's
In Fülle

## Leben

Unverzagt zuversichtlich
Unvernünftig zutraulich
Unvermögend gewinnend
Unerschrocken zugewandt
Unstimmig stimmungsvoll
Unwissend lehrreich

Begrenzt unendlich

## Schwer-Mut und Leicht-Sinn

Aus Schwermut
Etwas mit Leichtsinn machen
Aus einer halben Portion
Doppeltes Glück
Aus Sprachlosigkeit
Ganze Sätze bilden
Aus blindem Gehorsam
Überlegtes Tun

Still gestanden
Lange genug
Schritte also
Bewusst setzen
Niedergeschlagenen
Beim Aufstehen helfen
Trübe Gedanken
Den Himmel hinhalten
Und Hoffnung pflanzen
In Muttererde

## Ohrensausen

Bisweilen
Geht mir
So manches
Da rein

Der Wetterbericht
Heute Sonnenschein
Gelegentlich Regen

Die Börsendaten
Die Kurse steigen
Koste es – was es wolle

Die Arbeitsmarktzahlen
Es gibt mehr Arbeitslose
Aber dafür steigen ja die Kurse

Die Kriegsnachrichten
Es wird geschossen und gemordet
Immer schon

Zu guter letzt'
Die Liebeserklärung
Ich dich auch

Leider geht mir
So manches
Auch wieder
Da raus

## MRT

Beim zweiten Ave Maria
Im fünften Gesätz
War das MRT zu Ende

Ich danke
Dem Rosenkranz
Für die Verkürzung
Der Zeit

## Gedankenverloren

Gedanken verloren
Auch nicht schlimm
Dann halt mal
Nicht denken
Nichts tun müssen
Und nicht jedes Wort
Auf die Goldwaage legen
Zumal ungeeicht

Tag träumen
Einfach so
Ideen spinnen
Visionen entwerfen
Projekte umsetzen
Und damit beginnen
Anfangen
Endlich

## Rechnung

Geradlinigkeit
Zahlt sich aus
Im Leben
Wer weiß
Wo er hin will
(Oder sie)
Findet auch Wege
Wer sein Wort hält
Bleibt verlässlich
Und wer nicht enttäuscht
Gewinnt Vertrauen

Ich werde
Letztlich vielleicht
Ein Stück weit
Berechenbar
Aber ist das
So tragisch
Wenn am Ende
Die Rechnung stimmt

## Am Ende staunen

Am Ende
Möchte ich staunen
Weil alles gut ist
Was eben noch unfertig
Im Werden war
Weil wieder Mut ist
Wo eben noch
Nur Verzagtheit war
Weil alles jetzt hell ist
Was eben noch
Dunkel in mir war
Am Ende
Möchte ich staunen
Weil wieder Leben ist
Wo eben noch
Sterben war

fragend
dennoch
*zuversichtlich*

## Fürchte dich nicht

Fürchte dich nicht
Hab keine Angst
Sei hoffnungsfroh
Und unverzagt

Trau dich
Mach den Mund auf
Und die Augen
Verschließe nicht

Streck die Hand aus
Pack mit an
Geh den Weg mit
Schritt für Schritt

Wisch die Tränen ab
Wenn es Zeit ist
Fass dir ein Herz
Greif kräftig zu

Fürchte dich nicht
Das Leben ist dir zugesagt
Alle Tage und
In Hülle und Fülle

## Dass ich – bewusst

Dass ich nicht vergesse
Was mir vom ersten Atemzug
Geistgewirkt und unverblümt geschenkt
Dass mir bewusst werde
Was die Kraft deiner Botschaft
In mir und durch mich bewirken kann
Wenn ich denn
Aus dem honigzähen Alltag
Hoffnungsfunken sprühend ausbreche

Dass ich nicht
Wider besseren Wissens
Besser weiß
Was andere von mir
Am Ende gar nicht wissen wollen

Dass ich versuche
Redlich zu sein
Und ehrlich zu sein
Redlich und ehrlich und aufrichtig zu sein

Dass ich also versuche
Nicht mehr
Und auch nicht weniger

Ich zu sein

## Licht an

Gott
Wo bist du
Ich kann dich nicht spüren
In mir ist nichts
Alles wüst
Alles leer
Tohuwabohu
In meinen Gedanken
Chaos
Urflut
Dunkelheit

Mach doch
Das Licht an
Wie schon einmal
Du kannst es doch

Ein einfaches
Es werde
Reicht

## Mein Für und mein Wider

Jetzt bin ich da
Und sitze hier
Spürst du mich
Mein Für und Wider
Mein Auf und Ab
Das Hin und Her

Erforsche mich
Beruhige mich
Tröste mich

Bin hingerissen
Hergerissen
Hege Zweifel
Bin motiviert
Und habe Angst
Wanke zwischen
Möchte doch
Und trau mich nicht

Gehe
Und stolpere
Und hoffe
Dennoch

## Wie denn nur

Wie meinen Glauben leben
In dieser gottlosen Welt
Wie soll ich in diesem Leben glauben
An einen der die Welt
In seinen Händen hält
Woher soll ich wissen
Was falsch und richtig ist
Wenn ich spüre und erlebe
Dass nichts was mir wichtig
Scheinbar wirklich wichtig ist

Wie soll ich nur glauben
Dass du in Fülle
Mir ein Leben schenkst
Wenn das Gefühl mich überwältigt
Dass du mein Leben
Nicht in meine Richtung lenkst

Ich
Seufze
Weine
Klage
Gib meinem Leben Sinn
Ich will nicht mutlos bleiben
Ich will nur
Dass ich
Bin

## Dass ich – nenne

Dass ich dich Gott
Meinen Gott nenne
Dass ich mich aufrichtig
Aufrecht stehend
Auf dem Tatsachenboden
Zu dir bekenne
Dass ich mit der Wahrheit
Nicht hinter dem Berg halte
Dass ich dem Zweifel
Chancen einräume
Es gibt vielleicht mehr
Als nur eine Möglichkeit
(Manchmal auch nicht)
Dass ich mich dann
Nicht ausbringen lasse
Aus der Ruhe
Sondern meine Ruhe finde
In dir
(Nicht vor dir)
Und dass ich mich
Gelegentlich
Fallen lasse
Damit du mich
Auffangen kannst

## Wenn es dir gefällt

Entfache
Neu in mir die Glut
Wider aller Vernunft
Zu vertrauen

Lass mich nicht
Trostlos aufgeben
Sondern hoffnungsfroh tun
Was getan werden will

Stoppe in mir
Mein Trübsal blasen
Und ermögliche mir
Wenn es dir gefällt

Zu staunen

## Komm mir entgegen

Komm mir entgegen
Weil ich alleine es nicht schaffe
Eile auf mich zu
Bevor ich auf der Strecke bleibe
Weise mir die Richtung
Ich verlaufe mich sonst vollends
Stärke mir den Rücken
Ich strauchle schon
Fang mich auf
Wenn ich falle
Und wenn ich zweifle
Herr
Ertrage mich

So viel ist sicher
Du hältst mich aus

## Aller Menschen

Aller Menschen
Gedenke ich heute
In diesem Augenblick
Die mit sorgenvollem Blick
Eine gute Zukunft suchend
In deinen Himmel schauen
Die in ihrem Alltag nicht
Können vor und nicht zurück
Die hier mitten unter uns
Heimatlos und einsam sind
Krank und hilflos oder blind
An jene auch
Die mutlos sind
Und jene welche übertrieben
Vor der Wahrheit
Vor dem Leben
Missmutig ihre Augen schließen
An alle Menschen
Geht dies Gebet
Die des Lebens müde
Und ihre Hoffnung los geworden sind
An diesen hier und jene dort
Verschenke reichlich deinen Segen
An alle Menschen

# Dass ich – gehe

Dass ich meinen Rucksack des Alltags
Nicht zu voll packe
Dass ich den Weg – der vor mir liegt
Gut gehen kann
Dass ich im Leben den Gesetzen
Anforderungen und Verordnungen
Genüge
Dass ich mich trotz allem
Nicht verbiegen lasse
Und dass meine Last nicht zu schwer
Sondern tragbar und ertragbar wird
Dass ich den Rucksack
Gelegentlich
In die Ecke stelle
Und mir Ruhe verschaffe
Bei dir
Gott
Dazu
Stärke
Ermuntere
Befähige mich
Gott

## Um Rückruf wird gebeten

Manchmal möchte ich Gott
Einfach auf dem Handy anrufen
Kurz mit ihm plaudern
Meinen Kummer mitteilen
Meine Sorgen
All den Ballast abwerfen
Oder zumindest
Auf die Mobilbox sprechen

Manchmal möchte ich Gott
Eine Nachricht hinterlassen
Dass er sich doch bitte mal
Um dieses und jenes kümmern soll
Weil's mir gerade zu viel wird
Ich kein Land mehr sehe
Und der Zug – so scheint es
Schon abgefahren ist

Manchmal möchte ich Gott
Gern um einen Rückruf bitten
Um ein bisschen Zuversicht
Gelassenheit auch in diesen Zeiten
Und um Tröstung
Ja – Tröstung wäre gut

Meine Nummer hast DU ja
Danke

## Wo bitte geht's zum Mut

Wo bitte geht's zum Mut
Wer geht mit mir meine Wege
Wer tut mir am Ende gut
Wenn ich im Labyrinth mich wäge
Wo bitte geht's zum Leben
Wer nimmt mir meine Bedenken
Wer kann mir Zuversicht geben
Wer meine Schritte lenken
Wer gibt mir Frieden
Wer schenkt mir Ruh
Wer wird mich lieben
Wer
Wenn nicht…

## All diese Fragen

Wie mit all den Fragen umgehen
Deren Antworten auf sich warten lassen
Die uns nicht in den Kram passen
Denen wir überdrüssig sind
Die uns zweifeln und verzweifeln lassen
Ratlos machen
Mürbe machen
Sprachlos uns und mutlos
Zurücklassen

Wie mit all den Fragen umgehen – oder
Sie dir hinhalten – Gott
Wie ein Gebet
Und manchmal dir
Auch vor die Füßen werfen
Klagen erlaubt
Wie einst Hiob
Heute wir

Wie mit all den Fragen umgehen
Kannst du nicht Antwort geben
Uns aufrichten im Leid
Und trösten in der Trauer
Uns Licht sein
Im Dunkel des Alltags
Ja uns Licht sein
Und uns leuchten
Den Weg

## Dass ich – sage

Dass ich Ja sage
Wenn mein Ja notwendig wird
Dass ich mich einlasse
Auch wenn vieles dagegen spricht
Dass ich nicht verzweifle
Wenn jemand meine Pläne durchkreuzt
Dass ich Dich finde
Wenn Du mir verloren scheinst
Dass ich nicht wegschaue
Und die Augen verschließe
Vor dem – was niemand sehen will
Dass ich nicht schwach werde im Leid
Und Du mich stärkst in der Not
Dass ich nicht vergebens bitte
Und doch Dich wirken lasse
Denn Dein Wille geschehe
Dass ich das sagen kann
Und beten kann
Und akzeptieren kann
Wenn mir die Worte fehlen

Daran will ich glauben
Dafür will ich beten
Darauf will ich hoffen

## Den ich vermisse

Ich glaube an Gott
Den ich vermisse
Der sich gerade so rar
In meinem Leben macht
Den ich nicht sehe
Nicht ahne
Nicht spüre
Der in mir wirkt
(Nicht dass ich wüsste)
Der sich verbirgt
Unsichtbar bleibt
Keine Säule von Feuer
Kein Säuseln im Wind
Ich glaube an Gott
Den ich vermisse
Von dem ich nur weiß
Er ist da
Ich glaub ihm
Bestimmt

## Und jetzt?

Dir nachzufolgen
Gar nicht so einfach
Alles liegen und stehen lassen
Fällt mir nicht leicht
Mein Kreuz auf mich nehmen
Großer Gott
Es wiegt schwer

Dein Fußvolk
Taumelnd
Deine frohe Botschaft
Kaum zu vernehmen
(Obwohl der Lautsprecher geht)
Die Stimmung
Nicht rosig
Und dennoch aufbrechen

Ich bin es dir wert

kritisch
dennoch
*prophetisch*

## Tacheles

Wir brauchen Propheten
Keine Wahrsager
Aber Sager der Wahrheit
Ungeschminkt und ehrlich

Propheten brauchen wir
Keine Wegweiser
Sondern Wegbegleiter
Die mitgehen

Wir brauchen Propheten
Keine Vor-den-Kopf-Stoßer
Aber welche
Die uns gelegentlich
Den Kopf waschen

Propheten brauchen wir
Die zuhören – das auch
Und den Mund aufmachen
Das erst recht

## Guter Rat

Lasst uns den Himmel
Auf die Erde holen
Kommt wir gehen über's Wasser
Packt mit an
Um Berge zu versetzen
Glaubt an Gott
Und glaubt an euch
Glaubt an eure Fähigkeiten
Fertigkeiten und Talente
Richtet auf
Und richtet nicht
Seid gerecht
Und lebt in Fülle
Nicht in Saus und nicht in Braus
Backt Brot für die Welt
Doch trinkt den Wein
Nicht bis zur Neige aus
Denkt nicht nur an Bedürftige
Sondern stillt auch ihre Bedürfnisse
Wartet nicht sehnsüchtig
Auf Gottes Reich
Lasst es anbrechen
Jetzt
Kommt lasst uns den Himmel
Auf die Erde holen
Lasst uns zu ihm
Über's Wasser gehen

## Senf dazu

Gebt euren Senf dazu
Wenn euch oder anderen
Unrecht widerfährt
In Politik und Gesellschaft
Oder hier in der Kirche
Es ist an der Zeit

Gebt euren Senf dazu
Wenn ihr Zeugen werdet
Von Cyber-Mobbing
Gewalt mit Fäusten oder Worten
Rassismus – Antisemitismus
Es ist an der Zeit

Gebt euren Senf dazu
Auch wenn ihr nicht gefragt seid
Und eure Meinung nicht interessiert
Gebt euren Senf dazu
Den schärfsten
Es ist an der Zeit

Höchste Zeit

## Laut gedacht

Wenn wir
Das auserwählte Volk sind
Für wen halten wir
Dann die anderen

Wenn wir
Die einzig wahre Kirche sind
Was zählen dann
Orthodoxe oder Protestanten

Wenn wir
Allein die Schrift zu deuten wissen
Sind dann die anderen die
Die nichts vom Glauben wissen

Wenn wir
Die besten Christenmenschen sind
Warum sind wir dann
Für so vieles um uns herum blind

Wenn wir
Begreifen – dass wir bisweilen
Auf dem Holzweg sind
Dann könnten wir Wege doch korrigieren

Was besseres kann uns
Wollen wir wetten
Nicht passieren

## Klagemauer

Die Klagemauer
Beklagt sich nicht
Stumm nimmt sie
Die Gebete zu Gott
Auf kleinen Zetteln
Entgegen
Hilflos hört sie
Die Schreie derer
Die die einzig wahre
Religion
Zu kennen glauben
Gleich welcher
Religion
Teilnahmslos schaut sie zu
Wenn die einen sich
Die Köpfe ein-
Und andere sich
Die Zähne ausschlagen
Stumm und mächtig
Steht sie da
Seit Jahrtausenden
Und hofft
Und wartet
Wie immer schon
Auf bessere
Zeiten

## Land sehen

Wenn der letzte
Regentropfen gefallen
Die zweite Sintflut
Niedergegangen ist
Der Regenwald gerodet
Und das letzte Plastik
Im Meer versenkt
Worden ist

Wenn die letzte
Bombe gezündet
Und die x-te
Maschinengewehrsalve
Abgefeuert ist

Wenn die Gletscher
Geschmolzen sind
Der Eisbär seinen
Letzten Atemzug
Ausgehaucht

Und wenn das letzte
Wirklich letzte
Wort gesprochen
Und der letzte Handschlag
Ausgeschlagen wurde

Werden wir dann
Land sehen

## Hey du

Hey du
Mach deinen Mund auf
Sprich die Wahrheit
Rede im Licht vom Unbekannten
Verkünde von den Dächern
Was verborgen ist
Sag es den Mächtigen
Ins Gesicht
Und schreib es den Unanständigen
In ihr Stammbuch
Es ist an der Zeit
Farbe zu bekennen
Aufzustehen gegen das Unrecht
Den Mund halten war gestern
Ihn aufmachen ist heute
Wie einst die Propheten
Prophet sein
Jetzt

## Systemrelevant

Verlassene Orte
Verlorene Seelen
Leere Kirchen
Worthülsen fromme
Überflüssige Dome
Nicht mehr
Systemrelevant

Was jetzt wichtig
Richtig wäre
Nicht nur reden von Gott
Sondern handeln wie Jesus
Grenzen überwinden
Rote Linien überschreiten
Leben ermöglichen
Statt behindern

Wirksam werden
Und barmherzig

## Auf die Plätze, fertig...

Wann fangen wir endlich an
Aufzuhören

Wann fangen wir endlich an
Dieses nicht mehr festzuhalten
Und jenem nicht mehr
Hinterher zu trauern

Wann fangen wir endlich an
Das Alte loszulassen
Um die Hände frei zu bekommen
Für das Neue

Wann fangen wir endlich an
Dem Stillstand Beine zu machen
Und einfach Schritt für Schritt
Vorwärts zu gehen

Wann fangen wir endlich an
Wandlung ernst zu nehmen
Und dem Glauben
Nahrung zu geben

Wann

## Gedankenspiele

Was würde wohl geschehen
Wenn wir endlich ernst machten
Mit der Sache Jesu
Wenn wir die Geringen wertschätzten
Und die Außenseiter hochachten würden

Was würde wohl passieren
Wenn wir – die wir uns nach ihm nennen
Allen Menschen – Frau und Mann
Gleiche Chancen – gleiche Rechte
Einräumen würden

Was würde sich verändern
Wenn wir Gebote
Sagen wir zehn an der Zahl
Einhielten
Und Gott gäben
Was Gottes ist

Wie Durst stillend könnte es sein
Wenn wir das Wasser
Das wir predigen
Auch tränken
Und Brot teilten
Mit ausnahmslos allen

## So oder so ähnlich

Manchmal ein bisschen weniger
Besser wissen
Vielleicht mal nachfragen
Wie es dem anderen geht
Ein bisschen weniger fordern
Und auch mal was geben
Eine Idee
Oder auch nur eine Minute
Nicht krampfhaft festhalten
Am Alten
Und dem Neuen
Eine Chance geben
Nicht mit dem Kopf
Durch die Wand
Stattdessen Türen öffnen
Und nicht immer nur wollen
Sondern einfach mal
Dankbar sein

Ginge das

## Würdig

Ich bin würdig
Dich meinen Gott zu nennen
Und du Gott – Ewiger
Hast mich würdig gemacht
Mich nicht vor Mächtigen niederzuwerfen
Und Großkopferten nicht hinterher zu laufen

Ich bin würdig
Eine Meinung zu haben
Meine
Und gegen Hass und Geschwätz
Meinen Mund aufzumachen

Ich bin würdig
Meinen Standpunkt zu vertreten
Deine frohe Botschaft neu zu leben
Aufzustehen gegen Unrecht
Einzustehen für Gleichheit
Und Liebe zu teilen

Liebe

## Wumms

Eintreten
Für die Armen
Und die Reichen
Leer ausgehen lassen
Die Mächtigen
Vom Thron stürzen
Und die Kleinen
Unscheinbaren
Groß machen

Eine eigene Meinung haben
Nicht der naiven Herde
Treudoof hinterherlaufen
Den Mund aufmachen
Statt schulterzuckend
Sich mit diesem
Und jenem auch
Abzufinden

Hand anlegen
Wo Hände gebraucht werden
Nicht in den Hosentaschen
Stecken lassen
Und das Portemonnaie öffnen
Dann und wann
Statt Tür und Herz
Zu zuschlagen
Mit lautem

Wumms

## Idee und Wirklichkeit

Die Wirklichkeit ist
Dass Menschen
Die Trennung überwinden wollen

Die Wirklich ist
Dass Paare
Sich nach Segen sehnen

Die Wirklichkeit ist
Dass Frauen sich
Gleiche Rechte wünschen

Die Wirklichkeit ist
Dass Gottes frohe Botschaft
Allen – ja allen – Menschen gilt

Die Wirklichkeit ist
Wichtiger als die Idee
Sagt der Papst

## Gott finden

Wir werden Gott nicht finden
In den Katakomben
Unseres Glaubens
Auf den Friedhöfen
Der gut gemeinten Ratschläge
In den unseren Kinderschuhen
Entwachsenen Gebeten

Wir werden Gott nicht finden
In unseren Kirchen und Kathedralen
In Schreiben
Was zu glauben sei und was nicht
In der verstaubten Schrift – der heiligen –
Im Bücherregal

Wir werden Gott nicht finden
An Sonn- und Feiertagen
Nicht am Sabbat
In Regeln und Geboten
Im frommen Getue
Den Pharisäern gleich

Wir werden Gott nicht finden
Wenn wir ihn nicht suchen
In uns

## Wo kämen wir hin

Wo kämen wir hin
Wenn wir anfingen
Unsere Werte zu leben
Und Wertloses aufzugeben
Wenn wir alle
In den Blick nähmen
Und keiner verloren ginge
Wenn wir neue oder andere
Erfahrungen ermöglichten
Statt auf alten herumzureiten
Wenn wir ernst machten
Mit unseren Reden
Und aufhörten zu vertrösten
Wenn wir – ja – wenn wir
Auf Recht und Ordnung pochten
Aber dennoch nie
Gnadenlos handeln würden
Wenn wir endlich Menschsein
Nicht mit Perfektsein
Gleichsetzen würden

Wo – ja – wo kämen wir da hin
Nun – vielleicht – ins Miteinander

## In die Mitte

Jesus
Stellte ein Kind
In die Mitte
Nicht Götter in Weiß
Nicht Männer in Kardinalsrot
Keine Priester und Schriftgelehrten
Auch keine Uniformierten in Nachtblau
Keine grünen und keine schwarzen Politiker
Korrekterweise auch keine -innen
Jesus stellte in die Mitte
Ein Kind

## Schüttelt den Staub

Schüttelt den Staub
Von euren Füßen
Und verkündet den Sehnsüchtigen
Und Frommen
Den Zweifelnden und Erwartungsfrohen
Das Mutige und Mutmachende
Das Frohe und Frohmachende
Das Gute und Befreiende
Das Tröstende und Erlösende
Und deinen Frieden

Glücklich sollen sich schätzen
Die dich kennen
Und kennenlernen wollen
Die von dir wissen
Und mehr von dir wissen wollen
Die dir folgen
Und die dir noch nachfolgen wollen

Schüttelt den Staub
Von euren Füßen
Den Staub von gestern
Für deine Botschaft
Heute

## Bauchgefühl

Jesus
Was würdest du heute
Uns Menschen sagen
Im Anblick der
Gekenterten Flüchtlingsboote

Was würdest du heute
Den Politikern ins Stammbuch schreiben
Im Wissen um die
Soziale Ungerechtigkeit

Was würdest du heute
Deiner Kirche predigen
Mit Blick auf das Leid
Das von ihr ausging

Was würdest du heute
Last but not least
Mir ins Ohr
Flüstern
…

Ich glaube
Die Antwort
Zu kennen

## Auf den sie blicken

Sie werden auf den blicken
Den sie durchbohrt haben
Oder der verhungert ist
In einer sonst so satten Welt
Die erfroren ist
An der Kälte der Menschen
Der verkrüppelt ist
Weil er auf eine Tretmine trat
Und die vereinsamt ist
In einer überbevölkerten Welt

Auf den werden sie blicken
und auf die – die geschunden ist
Von den Menschen ausgebeutet
Der verhasst ist – weil er fremd ist
Die nie Liebe erfuhr – weil sie anders ist
Auf den Juden – den Moslem – den Christ

Auf den werden sie blicken
Den sie durchbohrt haben
Damals in Jerusalem
Gestern dort
Und heute
Vielleicht
Hier

biblisch
dennoch
*aktuell*

## Nichts da

Am Anfang
War noch nichts da
Kein Anfang kein Ende
Nichts zu Lande zu Wasser
Nichts in der Luft
Es gab den Tag nicht
Nicht die Nacht
Es gab auch „gab“ nicht
Keinen Menschen
Keine Menschenseele
Den Frieden nicht
Und keinen Krieg
Keinen Hass
Und keinen Streit
Keine Liebe

Liebe
Die würde ich vermissen

## Paradies

Ich würde mir
Noch einmal einen
Garten Eden wünschen
Noch einmal einen
Baum der Erkenntnis
Noch einmal
Diese Frucht
Die wohl kein Apfel war
Und dann
Würde ich mir wünschen
Die ganze Menschheit
Würde noch einmal
Kraftvoll zubeißen
Und endlich
Erkennen

## Noahs Bauplan

Wir sollten schon mal
Die Baupläne studieren
Alles beschrieben
In den heiligen Schriften
Falls demnächst
Der große Regen
Einsetzt

Wir sollten schon mal
Die Tiere versammeln
Männlein und Weiblein
Paarweise zusammen

Bliebe nur noch die Frage
Wen Noah dann
Zu den Seinen zählt

## Gerüstbau zu Babel

Die Gerüste
Des Turmes zu Babel
Sie stehen noch
Die Sprachverwirrung
Hält an
Trotz keinem Mangel
An Übersetzungsprogrammen
Die Menschheit
Versteht sich einfach nicht
Redet viel
Und aneinander
Vorbei
Versteht nicht richtig
Versteht sich falsch
Fühlt sich missverstanden

Die Gerüste
Des Turmes zu Babel
Sie stehen noch
Immer noch
Wir sollten sie einlegen und
Von vorne beginnen
Zu reden

## Jakobsleiter

Die Jakobsleiter
Ist ohne TÜV-Plakette
Geprüfte Sicherheit
Fehlanzeige
Und trotzdem
Steigen auf ihr
Die Völker
In den Himmel hinauf
Und auf den Boden
Der Tatsachen hinab

Die Jakobsleiter
Ist wohl nur erträumt
Das Leben hingegen
Mit den Aufs und Abs
Gelebte Wirklichkeit
Ohne TÜV
Und Sicherungsnetz
Oft bodenständig
Manchmal abgrundtief
Aber immer wieder auch
Himmlisch

## Brennt er noch

Gott
Hat sich
Aus dem Dornbusch
Dem brennenden
Zurückgezogen
Er versteckt sich vor uns
Der Krone seiner Schöpfung
Wir sind ihm schlichtweg
Peinlich geworden

Wer kann's ihm verdenken
Dass er das Feuer gelöscht
Und sich heimlich
Still und leise
Aus dem Staub
Gemacht hat

Jetzt ist es an uns
Das Feuer wieder zu entfachen
Gott einen Platz zu bereiten
In unseren Köpfen
Und viel mehr noch
In unseren Herzen

Auf dass wir
Würdig werden
Unsere Schuhe
Auszuziehen

## Wie der Hirsch

Wie der Hirsch schreit
Nach Wasser
Dürstet meine Seele
Nach dir

Sehnen wir uns
Nach Frieden
Und gönnen dem Nächsten
Doch nicht
Die Butter auf dem Brot

Wonach lechzen wir wirklich
Und was ist leeres Geschrei

Halten wir doch
Unsere Sehnsucht
Still dem Ewigen hin
Bei ihm ist sie
Gut aufgehoben

Damit wir beide Hände
Frei haben
Endlich tätig
Zu werden

## Zehn sind genug

Zehn Gebote
Hätten genügt
Um dein Reich auf Erden
Wirklichkeit werden zu lassen
Ein bisschen Manna
Vom Himmel
Gerecht verteilt
Hätte genügt
Um niemand des Hungers
Sterben zu lassen

Windhauch – Windhauch
Etwas Windhauch
Hätte genügt
Um deinen Geist
Den Heiligen
Uns Menschen
Einzubläuen

Ein Kreuz
Aufgelegt
Auf unsere Schultern
Hätte genügt
Um dir nachzufolgen

## Mein lieber Jesus

Mein lieber Jesus
Du warst dir nicht zu fein
In einem Stall geboren zu werden
Du hast dich getraut
Den Priestern die Schrift auszulegen
Ganz ohne Abschluss
Und erlangter Hochschulreife
Du hast Hoch-Zeiten gefeiert
Und Tief-Zeiten erlebt
Kranke geheilt
Den Sabbat gebrochen
Um der Menschen Willen
Und eben jene
Fünftausend
Satt gemacht
Mit Brot und Fisch
Und einer Predigt
Die sich gewaschen hat

Mein lieber Jesus
Könnte doch auch ich
Dein Gewand berühren

## Menschenfischer

Menschenfischer
Gibt es heutzutage nur noch selten
Eher vielleicht Seelenfänger
Geschäftemacher
Aber Menschenfischer
Die einem vom Leben erzählen
Und vom Himmel
Die dich mit ihren Geschichten
Raum und Zeit vergessen lassen
Die Sorgen abnehmen
Ängste vertreiben
Lust machen
Leidenschaft wecken
Sind selten geworden
Aber es gibt sie dennoch
Ehrlich
Du musst sie nicht suchen
Lass dich finden

Werde einer
Oder eine

all(kirchen)jährlich
dennoch
*prägend*

## Nachtwache

Nachtwache halten
Um nichts zu verpassen
Weil niemand weiß
Wann ER kommt
Und alle doch
Seine Ankunft erwarten
Damit es endlich
Etwas wird
Mit seinem Reich
Und seiner Botschaft
Von der die Engel sangen
Dort auf dem Feld
Den Hirten

Man möchte meinen
Die Schafe haben
Schon verstanden

## Erkenntnis

Weihnachten
Wird anders
Wenn man erkennt
Dass die größte Überraschung
Nicht die Geschenke sind
Sondern der
Mensch

Schöne Bescherung

## Weihnachten und weiter

Als Jesus damals als Jude
In diese Welt hineingeboren wurde
Da gab es noch keine Kirchen und Dome
Keine Pastoralen Räume
Nur eine klägliche Krippe
In einem ärmlichen Stall

Als Jesus damals als Kind
Im Tempel zu Jerusalem lehrte
Da gab es noch kein Kirchenrecht
Auch keine Dogmen
Nur dieses Kind
Das die Schrift erklärte

Als Jesus damals als Rabbi
Männer und Frauen
Zu den Menschen sandte
Da gab es noch keine Evangelien
Keine Briefe und Lehrschreiben
Nur das Wort
Tauft sie auf meinen Namen

Als Jesus damals als Jude
In diese Welt hineingeboren wurde
Da gab es noch niemand
Der besser wusste was zu glauben sei
Nur ein paar einfache Hirten
Und Weise aus aller Welt

## Maria wie du

Wie du
Möchte ich mich einlassen
Auf Gottes unergründliche Wege

Wie du
Möchte ich JA sagen
Wenn alles NEIN in mir schreit

Wie du
Möchte ich Wein fordern
Wenn es das Leben zu feiern gilt

Wie du
Möchte ich stark sein
Wenn alles Leben zerbricht

## Asche auf mein Haupt

Asche auf mein Haupt
Das ist kein Segen
Leute
Das ist Mahnung
Aufruf zur Umkehr
Und drinnen in mir
Aufruhr
Umkehr
So weit schon gegangen
Und jetzt
Umsonst
Der ganze Weg umsonst
Nochmal zurück
Und noch mal von vorn
Geht's auch einfacher
Na – besser alle mal
Asche auf mein Haupt
Dann wird's ein Segen

## Kreuzweg

Herr
Mein Kreuz wird
Immer schwerer
Kann das sein
Ich weiß nicht
Wie lange ich
Es noch tragen kann
Mir scheint
Auch ich werde stürzen
Vielleicht öfter
Als du
Ich fürchte
Ich möchte liegen bleiben
Wenn es dann passiert
Nicht mehr aufstehen
Und weitergehen müssen
Einfach liegen bleiben
Und warten
Bis jemand kommt
Und mir ein Schweißtuch reicht

## Via Dolorosa

Wir werden ihn gehen müssen
Unseren Weg des Kreuzes
Mit Staub im Gesicht
Und Blasen an den Füßen
Hinaus aus dem
Was unserem Leben
Heimat war

Sie werden uns vielleicht nicht
Der Kleider berauben
Nicht würfeln
Um unser Hab und Gut
Und dennoch gilt
Mitnehmen
Können wir nichts

Wir werden ihn gehen
D ü r f e n
Unseren Weg zum Licht
Mit Schweiß auf der Stirn
Aber mit einem Lächeln im Gesicht
Hinein in das
Was künftig
Heimat ist

## Weitergehen

Die einen
Warten ungeduldig
Auf Simon aus Cyrene
Und dass ihnen jemand reicht
Das in Rosenwasser getauchte
Schweißtuch

Die anderen
Stehen auf
Nehmen ihr Kreuz
Und tragen es
Weiter

## Zum Trotz

Ich glaube
Auferstehung
Ist möglich

Ob das stimmt
Werden wir ja
Sehen

## Kreuzwort-Rätsel

Erlösung
Vom Kreuz
Mit zwölf Buchstaben

(Auferstehung)

## Fliehkraft

Höchster
Allmächtiger
Ewiger
Gott
Lass deinen Geist los
Lass ihn wehen
Halt nicht ihn zurück
Halt nicht ihn auf
Lass deine Geistkraft
Los
Ihren Lauf
Dass sie verändere
Woran wir festhalten
Vergangenheit und sogenannte
Gute und alte Zeiten
Schick deinen Geist
Brech Verkrustungen auf
Wenn nötig mit Nachdruck
Und Sturmgebraus
Nur bitte
Höchste
Allmächtige
Halt deinen Geist
Den heiligen
Nicht länger
Auf

## Begeisterung

Lieber Gott
Mach mich fromm
Dass ich in den…
Nur jetzt noch nicht

Jag' mir stattdessen
Deinen Geist ein
Dass ich Feuer und Flamme werde
Für deine Sache
Nicht Asche
Nicht Staub
Sondern Glut entzünde
Auch in anderen
Menschenfischer werde
Über's Wasser gehe
(Nun – wir wollen nicht übertreiben)

Aber begeistern
Kannst du mich schon
Wie Petrus damals
Dein Geist wirkt
Auch heute

## Bauarbeiten

Geh mir bitte
Auf den Geist
Gott
Und besser noch
Schenk mir
Deinen Geist
Gott
Deine Geistkraft
Die mich inspiriert
Begeistert
Tätig werden lässt
Aufstehen lässt
Vom Sessel
Der Gemütlichkeit
Die mich hinausgehen lässt
In deine Welt
Und mitbauen lässt
Hand anlegen lässt
An deines Reiches
Baustelle

## Pfingstfeuer

Sei Streichholz
Lass dich entzünden
Von der Sache Jesu
Sei Funke
Spring über
Entfach so ´was
Wie Nächstenliebe
Sei Feuer
Und Flamme
Und glühe
Vor Begeisterung
Fang klein an
Bei dir
Sei Streichholz
(Nicht Aschenbecher)

bekannt
dennoch
*neu*

ZUGABE
7 VATER UNSER

## Vater unser – Auf das Leben

Du Gott
Der du überall bist
Dein Name soll geehrt werden
Dein Reich sehne ich herbei
Eine bessere Welt
Das Paradies schon auf Erden
Dein Wille erfülle sich an uns
Du willst doch nichts Schlechtes
Hier und aller Orten
Du gibst – was wir zum Leben brauchen
Nicht immer – was wir uns wünschen
Du nimmst – was uns boshaft
Und unmenschlich macht
Schenke diese Gnade auch uns
Dass wir verzeihen und vergeben
Und vielleicht auch vergessen
Führe uns – wenn wir versucht sind
Schwach und mutlos und klein
Und befreie uns zum Leben
In deinem Reich
Durch deine Kraft
Weil du warst
Bist und
Bleibst
Amen

# Vater unser – Du

Du – Gott – über allem
Unaussprechlich dein Name
Was auch passiert
Immer dein Wille
Du schenkst uns Brot
Und Leben in Fülle
Du vergibst
Fehler und Schwächen
Unzulänglichkeiten
Wir sollten das auch
Du führst uns in der Versuchung
Und erlöst uns
Vom Bösen dieser Welt
Hier und überall
Kraftvoll und stark
Durch die Zeit
In Herrlichkeit
Und Ewigkeit
Amen

## Vater unser – Versprochen

Du
Der im Himmel
Dein Name – dein Reich – dein Wille
Geheiligt – erwartet – geschehe
Hier und Überall
Brot für die Welt
Tag für Tag
Vergib du – vergib
Fehler und Schuld
Wir tun es dir gleich
Versprochen
Und keine Versuchung
Bitte nicht – und nichts Böses
Sondern Erlösung – ja – Erlösung
Denn Reich – Kraft und Herrlichkeit
Sind dein
Für alle Zeit
Amen
Ja – Amen

## Vater unser – Shortlist

Vater
Heilig
Reich
Wille
Himmel
Erde
Brot und Vergebung
Keine Versuchung
Nichts Böses
Ewig
Amen

## Vater unser – Longlist

Du im Himmel
Rings um uns her
Deinen Namen halte ich
Hoch und heilig
Deine Vorstellung vom Leben
Verwirkliche sich
Deine Ideen setzen sich durch
Im All und überall
Gib uns täglich
Was uns am Leben hält
Und nimm immer wieder von uns weg
Die falschen Taten
Die hässlichen Worte
Üble Gedanken
Wir machen das auch
Unserem Nachbarn gegenüber
Und der Nachbarin
Wie ist das mit der Versuchung
Probierst du uns aus
Schaff lieber hinweg
All das Böse der Welt
All das Schlechte in uns
Von dir ist das Leben
Von dir kommt die Kraft
Du bist herrlich
So wunderbar herrlich
Auf alle Fälle
Für alle Zeit
Amen

## Vater unser – Bewahre

Vater im Himmel
Geheiligt dein Name
Komme dein Reich
Geschehe dein Wille
Was immer geschieht
Brot wir erbeten
Und Vergebung der Schuld
Wir tun es dir nach
Versuchung vermeide
Und vor dem Bösen
Gott bewahre
Dein ist alles
Die Kraft
Und Herrlichkeit
Und alle Zeit
Amen

## Vater unser – Upside down

Ewig währt
Deine Herrlichkeit – Ewiger
Deine Stärke und dein Reich
So bewahre uns doch
Vor dem Bösen dieser Welt
Und versuche uns nicht

Ihr schuldigen Menschen hört
Wir vergeben

Alle Fehler von uns
Alles Falsche an uns
Vergebe du

Brot zum Leben
Gibst du heute
Gibst du täglich

Deshalb auf Erden
Deshalb im Himmel
Dein Wille geschehe
Dein Reich komme
Und dein Name
Sei geheiligt
Im Himmel
Ewige*r

(Kann auch von unten nach oben
gelesen werden)

**Frank Greubel** (geb. 1971) ist Geistlicher Begleiter, Systemischer Berater und Coach (SE), Erwachsenenbildner und Autor. Groß geworden ist er mit den Passionsspielen in Sömmersdorf.
So bringt er seine Themen heute gerne auch als Schauspieler und Spielleiter im außerberuflichen Theater auf die Bühne. Er wirkt als Seelsorger in einer Pfarreiengemeinschaft in Würzburg.